L'ÉGLISE DE BROU

LA DEVISE DE MARGUERITE D'AUTRICHE.

IMPRIMERIE DE MILLIET-BOTTIER.

L'ÉGLISE DE BROU

ET LA DEVISE

DE MARGUERITE D'AUTRICHE,

POÉSIES PRÉCÉDÉES DE DOCUMENTS INÉDITS

PAR

Philibert Le Duc.

BOURG-EN-BRESSE,

LIBRAIRIE DE FRANCISQUE MARTIN-BOTTIER.

1857.

ÉTIENNARD DE BROU

ET LA DROME

DES MALHEUREUSES D'AVIGNON,

POÈME HÉROÏQUE DE SOIXANTE CHANTS

PAR

Philibert de Brac.

IMPRIMERIE DE FRANÇOISQUE MARTIN-BOTTIER.

A la mémoire

DU CHEVALIER THOMAS-PHILIBERT RIBOUD,

Officier de la Légion-d'Honneur, Subdélégué de l'Intendant de Bourgogne en Bresse, Procureur général syndic du département de l'Ain, Président à la Cour royale de Lyon, Membre de l'Institut, Député, etc.

La dédicace de ces pages, presque toutes relatives à l'église de Brou, n'est pas seulement le pieux hommage d'un petit-fils et filleul; c'est aussi le juste tribut de gratitude et d'admiration artistiques, dû à la mémoire de celui qui sauva Brou, en prenant l'initiative de sa défense contre le vandalisme de 1790.

Un hommage de plus haute valeur, dégagé de tout esprit de famille, sera prochainement publié.

Un ami des arts, plein d'enthousiasme pour l'œuvre de Marguerite d'Autriche et membre de la commission des sépultures, M. le comte de Quinsonas, propose, dans un livre qu'il fait imprimer avec luxe et qu'il intitulera *les Tombes ducales de Brou*, de consacrer par une inscription, par une plaque de marbre, même par une statue de M. Riboud, le souvenir de son intervention conservatrice; et, non content d'émettre cette idée, il offre généreusement de concourir pour une somme de *mille francs* à sa réalisation.

Voici ce qu'on lira dans *les Tombes ducales:*

« *Dans mon admiration pour Brou qu'il* (M. Riboud) *nous a conservé et mon culte pour la mémoire de Marguerite d'Autriche, dont il fit respecter le monument et les cendres, j'ai cru devoir offrir, par une lettre à M. Milliet, la somme de mille francs destinée à ouvrir une souscription pour lui élever le monument qui devrait perpétuer sa mémoire à Bourg, ne fût-ce qu'une inscription, une simple plaque de marbre.* » (Page 16.)

Et plus loin :

« *Mais il me semble qu'en face de ce splendide tombeau la statue de celui qui parvint, non sans efforts et sans périls peut-être, à le préserver, serait une justice, une dette à acquitter. Si j'étais un habile* TAILLEUR D'IMAGES, *je voudrais modeler Riboud drapé dans la robe rouge de syndic et disant avec la majesté du geste :* ARRIÈRE ! *à la tourbe iconoclaste et* *sauvage des dévastateurs... Mais à défaut du talent d'*IMAGIER, *je croirais honorer mon nom en l'inscrivant en tête de la liste des fondateurs!* » (Page 43.)

M. de Quinsonas m'a permis de reproduire ces lignes. Qu'il trouve ici l'expression de mes remerciements et de mes sympathies.

Bourg, 21 juin 1857.

Philibert Le Duc.

TABLE.

	Page.
Dédicace	V

DOCUMENTS INÉDITS.

But de cet écrit	1
PREMIÈRE PARTIE. — Fondation de la Société d'Emulation de Bourg	3
Note sur les anciennes Académies de Bourg	10
SECONDE PARTIE. — Conservation de l'église de Brou	15
Note sur le prix de construction de l'église et du couvent de Brou	30

POÉSIES.

L'Eglise de Brou	41
La Devise de Marguerite d'Autriche	44

Documents.

Documents.

DOCUMENTS INÉDITS

SUR LA CONSERVATION

DE L'ÉGLISE DE BROU

ET SUR LA FONDATION

DE LA SOCIÉTÉ D'ÉMULATION

DE BOURG-EN-BRESSE (1).

———◆◇◆———

Suum cuique.

Il n'est pas d'hommes qui aient rendu plus de services à notre pays que M. Thomas Riboud. Sans parler de ses nombreux écrits, d'honorables témoignages de son zèle pour le bien public subsistent encore. La ville de Bourg lui doit :

La conservation de l'église et du couvent de Brou ;

---

(1) Aujourd'hui *Société impériale d'Emulation et d'agriculture, sciences, lettres et arts du département de l'Ain*. Cette dénomination nouvelle a beaucoup trop de ressemblance avec ces édifices qui perdent tout style en s'agrandissant après coup. Elle est d'une prolixité désespérante et, de plus, incorrecte ; car le mot d'*émulation* s'appliquant à toute espèce d'études, et par conséquent à l'agriculture, aux sciences, aux lettres et aux arts, cette nomenclature disgracieuse constitue un véritable pléonasme. Aussi qu'arrive-t-il? chacun abrège et modifie à sa guise ce titre verbeux, digne des frontispices d'autrefois. Les uns disent : *Société d'Emulation de l'Ain* ; les autres : *Société d'Agriculture de l'Ain*, au risque de faire croire à l'existence de deux compagnies distinctes ; et ceux qui ne veulent pas se priver complètement du pléonasme et de la prolixité ont soin d'écrire : *Société impériale d'Emulation et d'agriculture du département de l'Ain*.

La conservation de l'église et du couvent de Sainte-Marie (1) ;

La fondation de la Société d'Emulation ;

La formation du musée départemental ou collections diverses annexées à la bibliothèque de cette Société ;

Le cabinet de physique, qu'il sollicita et obtint de l'administration de la province ;

La bibliothèque publique, celle de la Société d'Emulation et, l'on pourrait dire, celle du Séminaire (2).

On a contesté à M. Riboud, depuis qu'il n'est plus et malgré la tradition récente, l'honneur d'avoir sauvé l'église de Brou et d'avoir fondé la Société d'Emulation.

Relativement à Brou, j'invoquerai l'autorité de M. Baux, historien de ce monument, et je confirmerai la tradition par un document authentique. Une autre pièce indiquera l'opposition de M. Riboud aux tentatives d'aliénation faites jusqu'en 1808 par la régie des domaines.

Quant à la Société d'Emulation, quelques mots d'explication, une phrase de M. de Montrevel et une lettre de Lalande vont faire justice tout d'abord, n'en déplaise à mes confrères, de la fausse généalogie qu'elle s'est fabriquée par gloriole. Prenant la plume pour la défense de mon aïeul, je ne veux pas laisser perdre un seul fleuron de sa couronne.

---

(1) M. Riboud s'opposa vainement à la destruction des autres édifices monastiques. — Il sauva les châteaux de Cornod en Bresse, de Crangeac et de Montplaisant.

(2) Au nombre des manuscrits de M. Riboud se trouve sa *pétition à l'Assemblée nationale*, faite le 25 juillet 1790, au nom du Directoire du département de l'Ain, pour ne pas vendre les livres des Chartreuses et des maisons religieuses, et pour en former à Bourg une bibliothèque publique. Environ 40,000 volumes (y compris les livres qu'on restitua aux familles des suppliciés et aux émigrés) furent recueillis et entassés au-dessus de l'ancienne salle de physique. Un premier triage fut fait du temps du préfet Ozun, c'est à dire, en 1801 ou 1802. Une partie des livres forma la bibliothèque de la ville, qui fut alors régulièrement ouverte au public, et l'autre partie fut attribuée à la Société d'Emulation. En 1824, lorsque le grand Séminaire fut installé à Brou, la Société d'Emulation lui offrit 5 à 600 volumes de bons ouvrages, la plupart in-folio, qu'elle détacha de sa collection ; c'était le noyau d'une excellente bibliothèque.

Première partie.

FONDATION DE LA SOCIÉTÉ D'ÉMULATION DE BOURG (1).

I.

Lalande fit, en 1755, un essai d'académie bressane dont il n'est resté qu'un discours manuscrit (2): Elle vécut à peine et, depuis vingt-huit ans, elle était dissoute, lorsque fut fondée la Société d'Emulation.

M. Riboud, encouragé par le succès qu'il avait eu à Lyon, où il avait organisé avec trois amis la *Société littéraire* qui existe encore, eut naturellement la pensée, lorsqu'il revint à Bourg, en qualité de procureur du roi, de doter la Bresse d'une institution pareille.

Au mois de novembre 1782, il sonda les dispositions des personnes qu'il jugeait le plus capables de seconder ses vues. Le 16 février 1783, il les réunit *chez lui* et leur exposa son projet dans un premier discours dont je conserve le manuscrit. Le lendemain de cette réunion préparatoire, il rédigea le réglement et, le 24 février, jour de la première séance, il lut le discours d'ouverture et présenta son réglement, qui fut adopté.

---

(1) Pour intéresser le lecteur à cette question d'origine, il faudrait rappeler ici le bien qu'a fait la Société d'Emulation, les travaux qu'elle a produits ou encouragés, l'influence qu'elle a exercée sur l'agriculture, sur les études littéraires et scientifiques, le rang distingué qu'elle occupe parmi les académies de province, les noms célèbres qu'elle a inscrits sur ses listes de membres ordinaires ou correspondants. Mais tout cela est déjà dit; je n'ai qu'à renvoyer le lecteur aux notices spéciales et notamment à celle publiée en 1856, qui résume rapidement tout ce dont la Société d'Emulation de l'Ain peut se glorifier.

(2) V. à la fin de la première partie la *Note sur les anciennes Académies de Bourg.*

Ainsi fut fondée la Société d'Emulation, fondée par M. Riboud, fondée chez M. Riboud. Lalande fut inscrit le premier sur la liste des membres non résidants; il suivit avec intérêt les développements de cette compagnie littéraire et scientifique; il intervint même pour lui annoncer la concession du droit de réunion; mais il n'eut aucune part à sa naissance.

II.

Voici maintenant sur quoi l'on se fonde pour faire honneur à l'illustre astronome de l'œuvre de M. Riboud:
A la fin de l'année 1783, la Société d'Emulation publia une *Notice* sur son origine et sa constitution, à la suite du *discours* d'ouverture. Son fondateur et secrétaire perpétuel (1) eut la modestie et le bon goût de consacrer le préambule de cette notice à Lalande qui, par son âge et sa célébrité, méritait cette marque de déférence de la part d'un jeune homme. Après avoir rappelé complaisamment l'existence éphémère de la Société de 1755, M. Riboud termina ainsi son compliment:

« Quoique les assemblées de 1755 aient cessé d'avoir
« lieu depuis vingt-huit ans, ce que M. de Lalande fit
« alors, et l'empressement avec lequel il a secondé les
« efforts d'un jeune compatriote animé par son exem-
« ple, doivent le faire regarder, *en quelque manière*,
« comme le fondateur *primitif* de la Société actuelle.
« Certain de l'admiration, il l'est encore de la reconnais-
« sance et de l'attachement de ses nouveaux confrères:
« ce triple hommage lui est dû par la Bresse entière;
« car si elle n'a point d'hommes dont elle puisse se glo-

---

(1) M. Riboud a constamment tenu la plume de secrétaire jusqu'à sa retraite, sauf de courtes interruptions. Cette position secondaire était celle dans laquelle il pouvait rendre le plus de services à l'institution qu'il avait créée. Les attributions du secrétaire étaient plus étendues qu'elles ne le sont de fait aujourd'hui. Le syndic général de la noblesse, M. de la Bévière, et le préfet de l'Ain, qui présidèrent successivement les réunions jusqu'en 1830, laissaient entre les mains de M. Riboud toute l'administration de la Société.

« rifier davantage, elle n'en a point aussi qui l'aiment
« plus véritablement. »

C'est d'après ce passage, très peu formel, en supposant qu'il puisse être pris à la lettre, que la Société d'Emulation prétend descendre de Lalande (1) et renie pour un nom plus illustre et plus sonore celui de son véritable fondateur.

Il est évident que tout ce préambule de la Notice de 1783 fut écrit pour plaire à Lalande et pour faire exhibition publique du patronage dont il honorait la Société naissante. Ce n'est pas dans ces phrases de politesse qu'il faut chercher l'origine de notre académie. L'histoire sérieuse de sa fondation commence au troisième alinéa, que voici :

« Convaincu de tout le bien que la culture des sciences
« et des lettres peut produire dans cette province,
« M. Riboud, procureur du roi au bailliage et siège
« présidial, souhaitait ardemment, depuis plusieurs
« années, d'y voir naître quelque Société qui leur fût
« consacrée. *Il avait formé ce vœu avant même de savoir
« ce qui s'était passé en 1755*, et quand il en fut instruit,
« son courage augmenta avec ses espérances. Le temps
« avait apporté des changements capables de les favo-
« riser : la nécessité des connaissances était plus recon-
« nue, le goût de l'étude plus général, l'industrie plus
« active.... Sur la fin de l'année 1782, il communiqua le
« projet d'une association littéraire à quelques citoyens
« pleins de lumières et de bonnes vues : tous le reçurent
« avec joie, et M. Riboud trouva en eux les coopérateurs
« les plus zélés. On ne fut effrayé ni des peines ni des
« obstacles ; l'amour du bien public et de l'instruction
« les fit disparaître. »

Dans cet historique, M. Riboud, parlant de lui-même à la troisième personne, ne pouvait exprimer en termes plus convenables et plus précis que la Société d'Emulation lui devait l'existence. Dire, en effet, qu'il en avait conçu l'idée, qu'il avait fait toutes les démarches préliminaires et que son œuvre n'avait aucun rapport avec celle de

---

(1) V. les diverses notices de la Société postérieures à M. Riboud et même les biographies de M. Riboud.

Lalande, n'était-ce pas dire, autant que le permettait la modestie, qu'à lui seul revenait l'honneur de l'initiative, que lui seul était le fondateur?

III.

Veut-on lire un récit qui n'offre aucun prétexte de méprise, malgré sa courtoisie? Ouvrons le discours prononcé par M. Riboud à la première séance publique, le 28 février 1784. L'orateur avait à rappeler l'origine de la Société devant de nouveaux auditeurs.

« M. de Lalande, dit-il, notre illustre compatriote,
« avait réuni en 1755 plusieurs citoyens éclairés. Ils
« formèrent avec lui une association littéraire que des
« circonstances particulières détruisirent malgré eux;
« mais, en rendant publiquement hommage à leur zèle
« et à leurs talents, nous ne pouvons nous refuser à leur
« payer le tribut le plus juste d'estime et de reconnais-
« sance.

« Ignorant ce qui s'était passé en 1755, je formais
« depuis plusieurs années le vœu de voir une société
« littéraire à Bourg, et j'en communiquai, en novembre
« 1782, le projet à quelques personnes. On m'apprit
« l'existence de celle de 1755; mais les circonstances
« étaient bien différentes, et persuadé qu'on réussit dans
« tout ce qu'on veut fortement, mon courage augmenta
« avec mes espérances. Les coopérateurs zélés que j'ai
« eu le bonheur de rencontrer ne furent effrayés ni des
« obstacles ni des peines, et les assemblées commen-
« cèrent avec régularité le 16 février de l'année der-
« nière (1). »

Ici l'œuvre de Lalande est complètement distincte de celle de M. Riboud.

IV.

Un autre indice que Lalande ne fonda pas la Société actuelle, c'est qu'à la séance publique du 19 septembre

---

(1) Discours manuscrit. Les discours ou compte-rendus prononcés en séance publique n'ont été imprimés qu'à partir de l'an IX. J'ai la minute des sept discours non publiés.

1785, à laquelle il assistait (1), M. Riboud, rappelant encore l'essai de 1755, ne lui fît pas hommage de la fondation nouvelle, ce dont il ne pouvait, en sa présence, se dispenser à cette occasion, si son illustre ami avait eu réellement des droits à cet honneur.

« C'est en voyant M. de Lalande assis parmi nous, « dit-il, qu'on doit aimer davantage les sciences. C'est « en rendant un juste hommage à ses vastes connais- « sances, c'est en le jugeant avec l'admiration et « l'impartialité de la génération future que nous devons « nous glorifier de l'avoir vu naître parmi nous. — Celui « qui a toujours cherché à être utile à son pays, qui a « toujours désiré d'y voir les sciences et les lettres « accueillies et cultivées, pourrait-il garder le silence, « quand il a sous les yeux des compatriotes qui s'y « livrent avec tant de succès? Pourrait-il ne pas vous « rappeler que M. de Lalande leur a élevé le premier « autel dans cette ville en 1755? Pourrait-il ne pas « exprimer un enthousiasme légitime quand il voit un « de ses concitoyens (M. de Bohan) parcourir avec éclat « la carrière militaire, et manifester dans toutes ses « productions des connaissances aussi variées qu'appro- « fondies? etc. (2) »

V.

Je demande pardon au lecteur pour ces longues citations. A une phrase de M. Riboud, mal comprise ou tronquée, dont on s'est fait une arme contre lui, il eût été de bonne guerre d'opposer simplement ces mots, tombés de la plume de M. Riboud, sur une note mémorative de quelques actes de sa vie: *Société d'Emulation fondée par moi et chez moi.*

Mais j'ai mieux que cela pour dissiper infailliblement toute incertitude, pour assurer désormais le titre de fondateur à celui qui fut pendant quarante ans l'âme de

---

(1) Lalande assista plusieurs fois encore aux séances publiques, notamment à celles de l'an IX et de 1805. C'est à cette dernière qu'il prononça l'*Eloge de M. de Bohan.*

(2) Discours manuscrit. V. la note précédente.

notre académie. C'est d'abord un passage du *Discours de M. de Montrevel sur les priviléges de la noblesse de Bresse;* puis une lettre de Lalande, écrite à mon aïeul à l'occasion de son élection au Corps législatif.

Le comte de Montrevel, après avoir généreusement proposé à la noblesse de se soumettre au paiement de la taille pour dégrever d'autant le tiers-état, rendit ainsi hommage à M. Riboud :

« C'est avec confiance que je dépose ce discours entre
« les mains de notre secrétaire. NOUS DEVONS A SON ACTI-
« VITÉ, A SON ZÈLE POUR LE PROGRÈS DES CONNAISSANCES
« DE CETTE PROVINCE, LA FORMATION DE CETTE SOCIÉTÉ.
« Chargé du ministère public et de la confiance du com-
« missaire du roi, son amour pour le travail, son heu-
« reuse facilité lui feront remplir tous ces devoirs sans
« négliger les lettres, et tous les avantages qui résul-
« teront et résultent déjà des travaux utiles de tous les
« membres de cette Société (1). »

Lalande aimait et appréciait M. Riboud ; voulant l'attirer quelques mois à Paris, il s'intéressa vivement au succès de son élection au Corps législatif et lui rendit compte ainsi de ses premières démarches :

LETTRE DE LALANDE A M. RIBOUD (2).

« 29 octobre 1806.

« J'ai écrit de nouveau, cher confrère, au rédacteur
« du *Moniteur*, pour qu'il imprime la séance de l'aca-
« démie (3).

---

(1) *Discours sur les priviléges de la noblesse de Bresse*, prononcé à la Société d'Emulation de Bourg-en-Bresse par *M. le comte de Montrevel, associé honoraire, à la séance du 15 décembre 1783. 16 p. in-4°. Mâcon, 1783.*

(2) Je conserve plusieurs autographes de Lalande et de sa nièce. L'écriture de l'illustre bressan est microscopique, mais très-lisible. Ces lettres sont honorables pour M. Riboud par les marques d'estime et d'affection qu'elles contiennent, et honorables pour Lalande en ce qu'elles expriment toujours son attachement aux personnes et aux intérêts de son pays.

(3) Le compte-rendu de la séance publique de la Société d'Emulation tenue le 11 septembre 1806.

« Je vous envoie la *note* que j'ai remise aux dix séna-
« teurs que je connois. Mandés-moi quel est celui qui
« connoit le plus notre pays, qui a notre sénatorerie (1)
« et dont la voix influera le plus.

(*Note.*)

« RIBOUD est l'homme le plus distingué de notre pays
« par son savoir et ses travaux. Il a été député; il est
« juge (2); IL EST LE FONDATEUR DE L'ACADÉMIE
« DE BOURG; il a été plusieurs fois ballotté à l'Institut
« pour être associé dans deux classes (3), car il est
« physicien, naturaliste et érudit. Je ne connois per-
« sonne qu'on puisse lui comparer dans notre pays. Il a
« été nommé à Bourg au premier tour de scrutin.
« Mille respects.

« LALANDE.

« Bien des compliments à MM. de Bohan, Bernard,
« au préfet, au maire. »

———

Après une déclaration si positive, émanée de celui
même à qui l'on a voulu faire honneur de la fondation,
le doute n'est plus permis. Du reste, pour tout lecteur
attentif, la tradition était suffisamment confirmée par
la notice de 1783; et la bonne foi des contradicteurs n'est
pas admissible à moins de conclure que M. Riboud, dans
cette notice, a parlé de lui-même avec trop de modestie
et de Lalande avec trop de politesse, ou plutôt que l'on
ne comprend plus guère, de nos jours, le langage de la
modestie et de la politesse.

(1) C'est-à-dire, qui perçoit ses revenus de sénateur sur des
biens situés dans notre pays, avec prééminence honorifique sur
les autorités locales.

(2) Il était alors juge au tribunal d'appel de Lyon et président du tribunal criminel de l'Ain.

(3) Il était, depuis 1801, de la classe de littérature et beaux-
arts.

NOTE

Sur les anciennes Académies de Bourg.

I.

À l'occasion des lignes qui précèdent, j'ai trouvé sur la société littéraire de 1755, formée par Lalande, quelques détails inutiles à ma thèse, mais dignes d'être conservés en note, avec ce que l'on sait des précédentes académies.

Le *Catalogue raisonné des auteurs bressans*, manuscrit composé entre les années 1777 et 1782, par M. Monnier, conseiller au présidial (mort en 1783), et qui s'arrête malheureusement à la lettre C, mentionne à deux reprises différentes la Société de 1755.

On lit dans le préambule :

« Il s'éleva en 1755 à Bourg une Société littéraire qui s'assemblait dans le cabinet du jardin du sieur Bernard, conseiller au présidial. Il en sortit des mémoires très-curieux. Cette Société fut dissoute dans l'année et il n'est pas possible de retrouver la plupart de ces mémoires. »

Et plus loin, à l'article Henri de Bout :

« M. Guillod, chantre de l'église collégiale de Notre-Dame de Bourg, l'un des membres de la Société littéraire, établie à Bourg en 1755, comme il est dit dans la préface du discours académique *sur la douceur* de M. de Lalande, l'un des auteurs de cette Société, y lut un discours sur le synode tenu à Bourg en 1515 par Louis de Gorrevod. Quelque soin que j'aye pris, je n'ai pu découvrir ni ce synode ni le discours de M. Guillod. M. Billon, curé d'Hautecour, en avait eu connaissance et en parle dans son *Eloge historique de la Bresse*. »

Le discours manuscrit, débris unique et ignoré jusqu'à ce jour, de la Société de 1755, fut prononcé par M. Monnier, médecin, lors de sa réception. L'un de ses descendants, M. Frédéric Monnier, le doyen de l'académie actuelle et le plus expérimenté de nos agronomes, me l'a communiqué avec une parfaite obligeance. Je l'abrège en le citant, pour ne pas dépasser démesurément les limites d'une note.

« Je dois, Messieurs, à votre prévention et à votre indulgence, ressource ordinaire de toute Société naissante et qui m'était absolument nécessaire, la place que je tiens parmy

« vous; me vaudra-t-elle les talents qu'il faut pour n'en être
« pas un membre inutile?...
« Nous nous assemblons pour notre utilité réciproque.... Les
« talents des uns diffèrent de ceux des autres. L'un a une jus-
« tesse merveilleuse dans l'esprit, la plus grande pénétration...
« l'autre a le style le plus épuré, il peint d'après nature. Un
« autre (M. Bernard) à l'esprit le plus brillant, à la plus grande
« mémoire joint un discernement qui ne luy fait citer qu'à
« propos les plus beaux morceaux des ouvrages dont il a bien
« voulu se charger de faire le rapport. Un autre (M. de Lu-
« cinge) sera sûr d'une attention favorable lorsqu'il nous
« déclamera de la poésie, souvent de la sienne : son geste aura
« de la grâce; il y aura du naturel même dans la variation de
« sa voix. Peu de personnes ont séparément tous les talents ;
« nos assemblées les produiront alternativement....
« .... Peu à peu nous nous déferons de cette paresse dont
« notre patrie n'a pas toujours eu à se plaindre. Sa léthargie
« est prête à finir, et l'ardeur observée dans les premières
« séances en est un favorable augure et comme la première
« aurore de ses anciens beaux jours. »

II.

Les documents inédits que l'on vient de lire nous apprennent
— d'une part — que la Société de 1755 se réunissait dans le
pavillon d'un jardin que l'on croit être aujourd'hui celui de
M. Sirand, juge, rue de *la Paix;* — d'autre part — qu'elle
comptait parmi ses membres le conseiller Bernard, le médecin
Monnier, le chantre Guillod et M. de Lucinge.

En troisième lieu, nous remarquerons que la dernière phrase
du discours de M. Monnier fait allusion soit à l'époque floris-
sante où notre province envoyait trois membres fondateurs à
l'Académie française, Vaugelas, Mézériat et Faret, soit à cette
Académie bressane dont l'existence m'a été révélée par une note
généalogique, insérée dans ma préface des *Noëls.* Voici cette
note :

« Noble Ozias de Siguret, escuyer, mort le 10 mai 1654,
« suivant son épitaphe au chœur des religieuses de Sainte-
« Claire, était qualifié de *chef de l'Académie de Bourg.* »

Quelque jour, je l'espère, d'autres renseignements viendront
à l'appui de ces premiers indices.

III.

Pour terminer l'histoire rétrospective de nos académies, il
me reste à parler de l'inscription de 1536.

M. de Lalande, à la sortie d'une séance de la Société d'Emulation, où l'on s'était occupé d'antiquités, résolut de lire cette inscription, qui frappa de nouveau ses regards et ceux de M. Riboud. « Le lendemain, une échelle fut placée; il y monta
« lui-même, dit M. Riboud, au milieu d'une foule de passants
« et de voisins qui, comme on le pense, rirent de voir l'astro-
« nome escalader une vieille maison et se tenir plus d'une
« demi-heure hissé sur une échelle, dans une rue assez
« populeuse. » Il eut la patience de lever l'inscription lettre par lettre et de la dicter à son neveu. Quelques jours après, il écrivit au *Journal de l'Ain* la lettre ci-après, insérée dans le n° du 29 septembre 1805.

Lettre de M. de Lalande.

« Il y a bien des années que je désirois savoir ce qu'étoit
« l'inscription placée près des Jacobins, à la Verchère, n° 546,
« au retour de la maison de M. Julliard (aujourd'hui, 1857,
« troisième maison au nord de la Salle d'asile); elle étoit inli-
« sible : j'ai fait apporter une grande échelle, nettoyer la
« pierre, et mon neveu Isaac de Lalande l'a copiée de la ma-
« nière suivante :

PIERIDVM DOMVS HAEC SACRAS HAVRIRE LIQVORES
SI CVPIS HANC ADEAS DOCTA MINERVA ROGAT
INGENVAS ARTEIS SVB TECTO HOC CLAMAT APOLLO
ATQVE SVVM QVEVIS MVSA AGIT OFFICIVM.
1536.

« Cette maison a appartenu au chapitre, et il est probable
« qu'un chanoine y avoit formé une pension ou une académie.
« François Ier avoit conquis la Bresse en 1535 et notre petite
« ville étoit déjà plus avancée que Paris. »

Cette inscription est encadrée entre deux pilastres d'ordre corinthien avec fronton et soubassement. Au milieu du soubassement on lit cette devise latine, omise par Lalande :

TVNDIT OMNIA TVDES.

M. Julliard, avocat, fit don de ce petit monument épigraphique à la Société d'Emulation, qui l'incrusta dans le mur de l'escalier conduisant aux vastes pièces qu'elle occupait au-dessus de la belle salle de physique, détruite par la transformation du collége en lycée. On le voit maintenant à la bibliothèque publique, dans le vestibule de la salle de lecture, où la Société s'assemble provisoirement.

M. Riboud a reproduit cette inscription dans plusieurs écrits et s'est attaché, dans une dissertation spéciale publiée par le *Journal de l'Ain* du 3 juillet 1816, à démontrer qu'elle constate l'existence d'une académie et ne s'applique pas à une école.

M. de Lateyssonnière a découvert plus récemment dans les archives municipales (tome V de ses *Recherches historiques*, p. 266) que l'école communale occupait à cette époque une maison de la Verchère. Cette circonstance, qui n'est point décisive, car une académie et une école peuvent exister dans le même quartier (la Société d'Emulation a siégé pendant quarante-sept ans à côté du collége), cette circonstance, dis-je, a fait trop vite oublier par M. de Lateyssonnière (p. 303) et par d'autres la dissertation de M. Riboud et adopter l'opinion que cette inscription décorait la porte de l'école communale.

D'abord, la maison d'où la pierre gravée a été extraite est trop exiguë pour avoir servi d'école communale, d'école unique pour tous les enfants, quelque peu fréquentée qu'on la suppose.

Ensuite, la maison d'école n'appartenait pas à la ville; la ville *louait* une maison pour son école. Aurait-elle fait la dépense d'une inscription monumentale pour la décoration d'une maison louée?

Enfin, une école du XVIe siècle, où l'enseignement était on ne peut plus simple et plus déterminé, *où l'on enseignait*, dit M. de Lateyssonnière (p. 266), *les bonnes mœurs, la lecture, la grammaire, et à honorer la sainte Vierge et les saints*, est-ce une école aussi modeste, aussi chrétienne qui aurait pris pour enseigne un quatrain pompeux et tout mythologique? Est-ce le fait d'une école offrant une instruction si précise et si élémentaire, de s'intituler la demeure des muses; d'inviter, au nom de Minerve, à franchir le seuil pour puiser aux sources sacrées; d'annoncer les arts libéraux que professe Apollon, les sciences variées que protège chaque muse; et de promettre la diversité, la liberté des études jusque dans la devise: TVNDIT OMNIA TVDES (*le marteau frappe toutes choses*)?

En vérité, s'il s'agit d'une école, il n'est pas permis d'abuser à ce point du privilège d'inexactitude de la poésie. S'il s'agit d'une école, d'une école plus pauvre d'enseignement que la dernière de nos villages, il faut convenir que la *réclame* n'est pas une invention moderne, que nos aïeux en usaient largement et que, s'ils n'étaient pas académiciens, ils étaient dignes de l'être.

J'aime mieux croire que le goût des lettres et des arts, favorisé par Marguerite d'Autriche, qui faisait construire l'église de

Brou et composait des élégies, se développa encore davantage sous la domination de François 1ᵉʳ, *le père des lettres*, et que les littérateurs du temps, tels qu'Antoine du Saix, Henri de Bout, Claude Bigottier, s'assemblèrent dans cette petite maison de la Verchère pour s'entretenir de leurs études.

Seconde partie.

CONSERVATION DE L'ÉGLISE DE BROU.

I.

Dans ses précieuses *Recherches historiques et archéologiques* sur cet édifice, M. Baux, après avoir dit que les propriétés des Augustins de Brou avaient été vendues au profit de la nation, que le couvent et l'église elle-même allaient subir le même sort et que déjà l'estimation en était faite, laquelle s'élevait :

Pour le couvent et ses dépendances, à . . . . 33,000 l.
Pour l'église, avec les mausolées et la place au soir, à. 40,000
En tout, à. . . . . 73,000 l.
ou plutôt, frais déduits, à. 65,700
continue en ces termes :

« Notre église, comme on le voit, semblait destinée
« à tomber sous le marteau des démolisseurs. Sa ruine
« fut heureusement conjurée par un homme dont le nom
« retentira longtemps avec éloge dans ce département.
« M. Thomas Riboud, alors procureur général syndic
« de l'administration départementale, se hâta de ré-
« clamer, en faveur de Brou, auprès de l'Assemblée
« constituante et parvint, à force de démarches et de
« sollicitations, à faire rendre et sanctionner par le roi
« le décret du 13 mars 1791, en vertu duquel l'édifice
« de Brou fut rangé au nombre des monuments natio-
« naux à conserver par l'Etat. »

Le désir d'innover, de présenter les faits sous un nouveau jour, de mettre tel nom en lumière et tel autre dans l'ombre, n'a pas été retenu par cet imposant témoignage. On a revendiqué pour un membre de la Convention l'honneur d'avoir sauvé l'église de Brou.

Je ne veux pas nier le concours de M. Gauthier (des Orcières). Je dirai même que son intervention, dont il faut lui savoir gré, n'est pas le seul service qu'il ait rendu à notre pays pendant la Révolution. tout en agissant pour le triomphe des idées subversives. Mais il y a loin d'un appui obligeant, d'un appui secondaire à l'initiative d'une démarche généreuse.

C'est M. Riboud qui s'émut, le premier, du danger que courait le monument de Marguerite d'Autriche; c'est lui qui, le premier, eut l'idée de défendre contre le vandalisme cette merveille d'architecture et de sculpture; c'est lui qui, le premier, demanda grâce pour elle, au nom des arts et des mortelles dépouilles de la maison de Savoie.

Et cette priorité d'action conservatrice, cette priorité qui lui assure l'honneur dont on veut le dépouiller, un document inédit l'atteste victorieusement. C'est le réquisitoire, à la date du 2 décembre 1790, que je vais reproduire d'après la copie authentique retrouvée par moi dans les papiers de mon aïeul.

II.

RÉQUISITOIRE DE M. LE PROCUREUR GÉNÉRAL SYNDIC POUR LA CONSERVATION DE L'ÉGLISE ET DU COUVENT DE BROU.

« *Extrait du procès-verbal des séances du Directoire du département de l'Ain.*

« Du deux décembre mil sept cent quatre-vingt-dix.

« M. le procureur général syndic (M. RIBOUD) a dit :

« Messieurs,

« Par l'article trois d'une proclamation du roi sur
« décret du treize octobre, les Directoires de département
« sont spécialement chargés de faire dresser l'état et de
« veiller par tous les moyens possibles à la conservation
« des monuments, des églises et maisons devenues
« domaines nationaux, qui se trouvent dans l'étendue de
« leur territoire, et d'envoyer lesdits états au comité
« d'aliénation. Près de cette ville, l'église de Brou, bâtie

« au commencement du seizième siècle par Marguerite
« d'Autriche, fille de l'empereur Maximilien Ier et veuve
« de Philibert-le-Beau, duc de Savoie, est un des monu-
« ments dont la conservation est intéressante et néces-
« saire.

« La beauté de cet édifice et les chefs-d'œuvre de
« sculpture qui y abondent le rendent précieux pour les
« arts. Il a toujours été entretenu avec le plus grand soin
« par les religieux Augustins qui habitent le couvent
« auquel il est attaché, et un laps de près de trois siè-
« cles l'a si peu altéré qu'il paraît sortir des mains des
« ouvriers.

« Cette église a coûté dans le temps des sommes
« énormes, puisqu'il est établi par les comptes existants
« dans les archives que Marguerite d'Autriche y dépensa
« 220,000 écus d'or, ce qui équivaut à plus de vingt mil-
« lions de notre monnaie actuelle (1); on n'en sera pas
« étonné quand on observera que la Bresse n'avait alors
« aucuns chemins, que la pierre n'y était presque point
« employée dans les bâtiments, et que les marbres
« furent tirés d'Italie.

« Il serait donc bien malheureux de voir détruire un
« monument qui peut encore braver plusieurs siècles et
« qui offrira longtemps des modèles utiles aux artistes :
« l'époque de notre régénération ne peut être celle de sa
« destruction; la nation n'en retirerait pas un produit
« capable de la dédommager un instant de la perte
« qu'elle ferait. En effet, on ne pourrait l'acheter que
« pour les matériaux, et ils n'ont été évalués que qua-
« rante mille livres parce qu'il en coûterait considéra-
« blement pour la démolir et que l'emploi de ses débris
« serait assez difficile. Cette destruction serait absolument
« contraire aux décrets et aux intentions de l'Assemblée
« nationale, et si ce triste événement était à redouter il
« occasionnerait les plus grands regrets et une véritable
« sollicitude parmi les habitants des environs.

« Une autre raison de veiller à sa conservation, Mes-
« sieurs, c'est qu'elle est le dépôt des cendres de plusieurs
« des anciens souverains de la Bresse, qui y reposent
« sous de superbes mausolées; il semble que les égards

(1) On verra plus loin une note sur le prix de construction de l'église de Brou.

« qu'on doit à la maison de Savoie et à la mémoire des
« morts ne permettraient pas de détruire leur asile sans
« lui en avoir fait part.

« L'église de Brou est comprise dans les objets qui
« étaient ci-devant entre les mains des Augustins de
« Brou, et les biens annexés à ce couvent ont été cou-
« verts par la soumission de la municipalité de Bourg,
« en sorte que cet édifice serait dans le cas d'être vendu
« avec ceux-ci, si l'administration ne prenait des mesures
« pour l'empêcher (1). Il me paraît donc qu'il est néces-
« saire de faire dresser le plus tôt possible l'état indiqué
« par l'article trois du décret que j'ai cité, de l'envoyer
« au comité d'aliénation avec un exemplaire de l'histoire
« et description de Brou, qui contient tous les détails
« convenables, et d'adresser une pétition particulière à
« l'Assemblée nationale pour la conservation de ce monu-
« ment. Néanmoins il est à propos d'arrêter aussi qu'il
« sera sursis à sa vente jusqu'à ce que l'Assemblée natio-
« nale ait prononcé.

« Pendant ce temps on pourra s'occuper des moyens
« de conserver ladite église d'une manière qui puisse à
« la fois remplir cet objet et diminuer les frais de son
« entretien. Si l'établissement de l'évêque du départe-
« ment eût été à Bourg, on aurait pu le placer à Brou,
« qui sera bientôt attenant à la ville par les constructions
« intermédiaires qui s'élèvent chaque jour; il aurait eu
« sa cathédrale, son habitation et son séminaire; et
« l'entretien de l'église n'eût point été à la charge de la
« nation. Mais si cet arrangement ne peut être proposé,
« on pourra chercher à y placer des religieux ou des
« religieuses, s'il s'en trouve un nombre suffisant pour
« former une conventualité. En les établissant dans ce
« couvent, on sera assuré des soins continuels qui
« garantissent de grandes réparations ; l'on pourra
« vendre alors plus facilement les autres maisons que
« lesdits religieux ou religieuses auraient nécessairement
« occupées, et la nation gagnerait certainement; mais

---

(1) Les municipalités pouvaient acquérir et revendre. Leur soumission, qui était accueillie de préférence pour les biens situés sur leur territoire et qui par cela même devenait une spéculation, n'était pas une garantie contre la destruction.

« on ne peut prendre ce parti que quand on aura fixé le
« traitement et connu l'intention des religieux et reli-
« gieuses de ce département. Au surplus on pourra aussi
« se concerter avec le district et la municipalité de
« Bourg pour trouver, s'il est possible, d'autres moyens
« de conserver Brou de la manière la plus sûre et la
« plus économique.

« Mes réquisitions se bornent, quant à présent, à vous
« prier, Messieurs, d'arrêter:

« 1º Que par tel artiste que vous voudrez choisir il
« sera incessamment dressé, en présence des officiers
« municipaux de Bourg, un acte de l'état actuel de
« l'église et couvent de Brou, lequel état sera adressé
« au comité de l'aliénation des domaines nationaux,
« conformément au décret du treize octobre, et qu'un
« exemplaire de la description historique de l'église de
« Brou par le *père Rousselet*, imprimée en 1767, y sera
« annexé comme pièce justificative;

« 2º Qu'il sera présenté en même temps à l'Assemblée
« nationale, une adresse particulière tendante à la con-
« servation de cet édifice;

« 3º Que d'après l'esprit de l'article trois du décret cité
« et jusqu'à ce qu'il ait été prononcé par l'Assemblée
« nationale, il sera sursis à la vente et adjudication
« de ladite église et couvent; auquel effet extrait de
« votre arrêté sera remis tant au directoire du district
« qu'aux officiers municipaux de Bourg, qui demeurent
« respectivement invités à vous faire part de leurs vues
« et des moyens qu'ils croiront convenables de proposer
« pour la conservation et l'emploi desdits bâtiments de
« la manière la plus avantageuse. »

« Sur quoi l'Assemblée, faisant droit sur les réquisi-
« tions de M. le procureur général syndic, a arrêté:

« 1º Que par le sieur Denis-Gaspard Chauvreiche, ar-
« chitecte, il sera incessamment dressé, en présence des
« officiers municipaux de Bourg, un acte de l'état actuel
« de l'église et du couvent de Brou, lequel état sera
« adressé au comité de l'aliénation des domaines natio-
« naux, conformément au décret du treize octobre, et
« qu'un exemplaire de la description historique de
« l'église de Brou par le père Rousselet, imprimée en
« 1767, y sera annexé comme pièce justificative;

« 2º Qu'il sera présenté en même temps à l'Assemblée

« nationale une adresse particulière tendante à la conser-
« vation de cet édifice :
« 3º Que d'après l'esprit de l'article trois du décret
« cité, et jusqu'à ce qu'il ait été prononcé par l'Assem-
« blée nationale, il sera sursis à la vente et adjudication
« de ladite église et couvent; auquel effet extrait du pré-
« sent arrêté sera remis tant au directoire du district
« qu'aux officiers municipaux de Bourg, qui demeurent
« respectivement invités à faire part au directoire du
« département de leurs vues et des moyens qu'ils croiront
« convenables de proposer pour la conservation et l'em-
« ploi desdits bâtiments de la manière la plus avantageuse.
« A Bourg, lesdits an et jour, signé au registre :
« RUBAT, président; MEUNIER, FAVIER, ROUYER, BO-
« CHARD, MERLE, VAULPRÉ, administrateurs du direc-
« toire; RIBOUD, procureur général syndic, et BRANGIER
« aîné, secrétaire.
« Collationné : BRANGIER aîné. »

III.

L'adresse qui fut présentée à l'Assemblée nationale constituante, par suite du réquisitoire et de l'ordonnance qu'on vient de lire, fut, comme le réquisitoire, l'œuvre de M. Riboud. J'en ai acquis la certitude en parcourant le premier manuscrit d'une notice sur Brou qu'il écrivit en 1819. Ce premier manuscrit porte ces mots : « Un
« mémoire *rédigé par l'auteur de cette Notice* fut adressé
« à l'Assemblée constituante. » Ce renseignement personnel fut effacé par modestie du manuscrit définitif.

Comme on l'a vu, un décret du mois de mars 1791 déclara Brou monument national. Que M. Gauthier (des Orcières) soit intervenu à cette époque ou seulement lorsque le décret fut confirmé par la Convention; peu importe : son action ne fut que secondaire. Sans le réquisitoire au département, sans le mémoire à l'Assemblée nationale, le décret n'aurait pas été rendu; l'église et le couvent n'auraient pas été conservés. M. Riboud, qui fit le réquisitoire et le mémoire, a donc des droits réels à être nommé le sauveur de ces édifices.

Le classement de Brou comme monument national ne préserva pas l'église de toute atteinte pendant la tourmente révolutionnaire. La façade éprouva diverses mutilations (1). Les trois statues de bronze de la chapelle de Gorrevod furent enlevées pour être converties en canons. Le dôme et la flèche du clocher furent démolis par l'ordre d'Albitte (2). Deux génies de marbre, d'une rare perfection, ornant le mausolée de Marguerite de Bourbon et soutenant une tablette, sur laquelle on voulait faire graver la Constitution, furent envoyés à la Convention et brisés dans le trajet (3).

Toutefois les portes de l'église restèrent fermées pendant la croisade populaire contre les signes de la féodalité. Elles ne s'ouvrirent guère que pour les fêtes et les banquets de la République. C'est dans la grande nef de Brou que s'acheva *par la musique et la danse* cette ridicule fête en mémoire de Marat, où l'on promena sur un char *cinq vieillards vénérables entrelacés et soutenus dans les bras de quinze vierges nubiles s'empressant de les réchauffer de la pureté de leur haleine.* Lorsque l'église était ainsi envahie, la profanation s'arrêtait au seuil du sanctuaire; un vieillard, qui se souvient d'un banquet militaire, assure que les officiers seuls furent admis à pénétrer dans le chœur.

Ce qui contribua au salut de Brou pendant la Terreur, c'est que l'église servit de magasin à fourrage, et que d'énormes masses de foin et de paille, superposées avec soin jusqu'aux voûtes, protégèrent les sculptures de marbre. L'édifice se trouvait alors sous la double sauvegarde — de la nation comme monument des arts — et de l'armée des Alpes comme entrepôt militaire (4).

---

(1) V. M. Riboud, *Considérations et recherches sur les monuments anciens et modernes du territoire de Brou*, p. 27.

(2) V. dans les *Recherches* de M. Baux les documents relatifs à ces faits barbares.

(3) V. M. Riboud, ouvrage cité, p 28.

(4) Cet entrepôt fut organisé par suite de l'arrêté des représentants du peuple près l'armée des Alpes, Dubois-Crancé et Gauthier, daté du quartier général de la Pape, le 27 août 1793. — A défaut d'emplacement convenable pour les fourrages, l'administration publique indiqua l'église de Brou aux chefs militaires et recommanda les soins les plus attentifs pour l'emmagasinement. M. Riboud ne fut pas étranger, j'en suis persuadé, à cette mesure conservatrice. Quoiqu'il ne fût que simple citoyen depuis son retour de l'Assemblée législative jusqu'à son

IV.

Après avoir échappé de la sorte au vandalisme révolutionnaire, l'église et le couvent de Brou eurent à lutter contre le vandalisme administratif. La régie des domaines fit diverses tentatives d'aliénation, et même il y eut un commencement de vente en détail et un commencement de destruction du monastère (1).

Plus d'une fois on opposa aux agents du fisc les décrets conservateurs de l'Assemblée constituante et de la Convention. Plus d'une fois ils invoquèrent contre les édifices de Brou les nouvelles instructions sur les biens nationaux. La confirmation des décrets par Napoléon, lors de son passage à Bourg en 1805, ne fut pas même une garantie suffisante contre leur zèle barbare.

Sous prétexte que l'acte confirmatif ne mentionnait que l'église, ils résolurent la destruction des bâtiments du couvent; leurs efforts n'aboutirent heureusement qu'à vendre comme matériaux les dalles du pavé de quelques caves et rez-de-chaussée.

« On proposa aussi de transférer les mausolées au « musée des Petits-Augustins, à Paris, mais on parvint « à détourner ce projet » (2). Cette proposition était un acheminement à la destruction totale des édifices de Brou; car, l'église dépouillée de ces chefs-d'œuvre, on espérait qu'elle ne serait plus considérée comme monument des arts.

Enfin une dernière tentative d'aliénation eut lieu en 1808. Dans cette circonstance, l'intervention de M. Riboud est manifeste. Je ne puis que la soupçonner dans les crises précédentes; ses écrits trop discrets ne l'ont pas révélée. Cette fois même, ce n'est pas sa plume qui nous la fait connaître, c'est celle du directeur des domaines.

Une loi récente ordonnait l'aliénation des biens non

---

incarcération politique du 10 février 1794, il devait avoir encore une certaine influence, en fait d'arts, sur l'esprit de ses concitoyens.

(1) V. M. Riboud, *Considérations et recherches* déjà citées, page 29.

(2) Notice manuscrite sur Brou, de M. Riboud.

vendus. Les dispositions du fisc étaient connues. M. Riboud conçut des craintes pour Brou; il écrivit au directeur, qui lui répondit par le billet suivant:

BILLET DU DIRECTEUR DES DOMAINES A M. RIBOUD.

« J'ai l'honneur de remercier M. Riboud de son atten-
« tion, mais je connaissois le décret du 20 mars
« 1791 (1), j'en ai même envoyé une copie à l'adminis-
« tration, qui l'a trouvé insuffisant, avec raison, pour
« assurer la conservation de l'église de Brou comme
« monument des arts; elle m'ajoute que si je pouvois
« seulement lui indiquer le mois dans lequel l'autre
« décret que je recherche a été rendu, M. Daunou s'est
« chargé de le découvrir, et faire relire tous les procès-
« verbaux de l'Assemblée pendant ce mois. On ne trouve
« rien ni à la préfecture ni dans les archives des tribu-
« naux. Si M. Riboud pouvoit m'aider dans cette
« recherche, il me rendroit service. Je le prie d'agréer
« mes salutations.
       (Signature du directeur.)
« Bourg, le 16 juin 1808. »

On voit que le directeur recherchait les décrets conservateurs; mais ce n'était pas dans l'intérêt de Brou; c'était pour les trouver insuffisants, c'était pour sauver les apparences. Les premières lignes et notamment les mots *avec raison*, placés avec soin entre deux virgules, trahissent d'autant plus sa sympathie pour l'aliénation que l'avenir du beau monument ne lui a pas inspiré une seule parole de sollicitude.

Le vandalisme, grâce à Dieu, ne triompha pas; le décret impérial du 3 septembre 1808, en cédant au département de l'Ain l'église et le couvent de Brou, les délivra de la tutelle dangereuse de la régie des domaines.

(1) Le décret rendu par l'Assemblée constituante pour la conservation de l'église de Brou est désigné tantôt par la date du 13, tantôt par la date du 20 mars. La seconde est sans doute celle de la sanction royale.

V.

Pendant la Révolution, les prêtres *fanatiques*, c'est-à-dire non assermentés, furent détenus dans les bâtiments de Brou, sous la surveillance d'un corps de vétérans et en compagnie de 219 porcs qui dégradèrent et infectèrent les cloîtres (1). Le district fit évacuer les porcs dès le 11 fructidor an II ; mais les prêtres ne furent rendus à la liberté que le 1er vendémiaire an IX (23 septembre 1800).

Alors on eut l'idée de faire du couvent une caserne de cavalerie. Ce projet, mal conçu, fut exécuté à grands frais et n'aboutit qu'à la mutilation des cloîtres.

Une pépinière fut créée à la même époque sur une partie des terrains contigus, avec l'autorisation du gouvernement et le concours de la Société d'émulation, qui resta seule chargée de son entretien, à partir de 1805.

Le département, devenu propriétaire de Brou, essaya d'utiliser les bâtiments conventuels en les affectant d'abord à un dépôt de mendicité, puis à un hospice des vieillards infirmes ou aliénés.

Ce ne fut qu'en 1823 que Brou reçut sa destination définitive. Par délibération du 6 juin, le conseil général en fit cession complète à l'évêché. L'église fut rendue au culte le 22 octobre, et le séminaire établi dans le couvent le 11 novembre.

Pendant ces diverses transformations (2), M. Riboud

---

(1) M. Baux, *Recherches... sur l'église de Brou*, p. 322.

(2) C'est peut-être ici le lieu de mentionner une première idée de transformation dont les auteurs n'ont pas parlé, en traçant l'histoire des dernières années des Augustins de Brou. Ces religieux jouissaient, en vertu d'une concession de Marguerite d'Autriche, d'un droit de *leyde* ou *couponnage* sur les grains qui se vendaient à Bourg. Ce droit, perçu par un fermier, rapportait 6 à 7 mille livres et complétait un revenu de 18 mille livres environ, qui suffisait à peine à l'entretien de l'église et de douze à quatorze moines. Le commerce souffrait de cette redevance, et le peuple s'en plaignait. Louis XVI, par un arrêt de son conseil, du 21 mai 1775, suspendit tous les droits de cette nature. De là un procès entre les officiers municipaux et les religieux de Brou, ces derniers ne voulant pas abandonner une partie essentielle de leur revenu. Le procès

ne cessa de s'intéresser aux édifices dont il avait conjuré la ruine. En parcourant les champs voisins, qu'il nommait la terre classique des antiquaires, tant il y trouvait de médailles, de statues, de poteries romaines et autres indices d'une ancienne agglomération d'habitants, il

fut long, et les moines conservèrent le droit de leyde jusqu'en 1790.

A l'occasion de l'arrêt du 21 mai 1775, un *patriote*, qui devançait le langage et les principes de la Révolution, fit imprimer :

Que les religieux de Brou devaient au peuple et à l'humanité le sacrifice entier de leur droit de leyde ;

Qu'ils auraient dû céder leur monastère aux nobles chanoines de Gigny en Comté, qui se chargeaient d'entretenir l'église de leurs propres deniers ;

Que, puisqu'ils ne pouvaient se passer du produit du droit de leyde pour les réparations de cet édifice, ils devaient tout abandonner et réunir leur communauté à celle de Boiron, près St-André-de-Corcy ;

Que les autorités de la ville et de la province devaient agir dans ce but ;

Que l'extinction de la leyde serait un bienfait pour le commerce et les consommateurs ;

Qu'une partie des autres biens du couvent servirait à doter la cure de Bourg, à créer une succursale, et à pensionner les professeurs du collége à la fin de leur carrière ;

Que les recteurs des Hospices, au lieu de construire, à grands frais, un nouvel Hôtel-Dieu sur les bords de la Reyssouze, établiraient les malades dans les vastes bâtiments de Brou et consacreraient à l'entretien du monument le revenu du surplus des biens.

Voilà ce qu'on écrivait en Bresse *quinze ans* avant la Révolution de 1790 ! et cela dans une brochure de 48 pages in-8°, pleine de malice et de pieux sentiments, le tout orné de cette gracieuse épigraphe, empruntée à saint Augustin, fondateur de l'ordre des religieux de Brou :

Temporalia perdere timuerunt et vitam æternam non cogitaverunt, ac sit utrumque amiserunt.

Le *Catalogue raisonné des auteurs bressans* (ms.) m'apprend que ce curieux factum, sans date, sans approbation, sans nom d'auteur ni d'éditeur, mais évidemment composé en 1775, parut en 1777, et qu'il est de M. Boisson Dunoyer aîné, écuyer, seigneur d'Eguerandes, qui professa plusieurs années les belles-lettres chez les Jésuites.

3

rendait de fréquentes visites à l'église et au couvent de Brou.

Un jour il découvrit dans une galerie supérieure une inscription engagée horizontalement sur un mur à hauteur d'appui et sous le pilier d'une arcade. Quelques lettres seulement dépassaient la base du pilier ; encore étaient-elles masquées par la rampe d'un escalier. Il crut l'inscription antique, la fit extraire et incruster d'une manière apparente dans le mur du cloître où elle est aujourd'hui. Quoique moderne et incomplète, elle est intéressante en ce qu'elle constate de grandes réparations faites en 1614. M. Riboud l'a insérée avec dissertation et restauration partielle dans le journal de la *Société d'émulation*, année 1817, et plus tard dans ses *Considérations et recherches* sur Brou. M. Baux l'a reproduite avec restauration complète (1).

En 1819, M. Riboud rédigea cette Notice manuscrite dont j'ai déjà parlé. Frappé de l'insuffisance des fonds que le département consacrait chaque année aux réparations, il détermina le préfet, M. du Martroy, à solliciter du gouvernement une subvention de 150,000 francs. Une notice était nécessaire à l'appui de la demande. Le préfet pria M. Riboud de la composer. « Vos connais-« sances, lui écrivit-il, et l'intérêt que vous portez aux « arts me font espérer que vous voudrez bien vous « charger de ce travail, pour lequel je vous serai très-« reconnaissant. » Cette Notice manuscrite contient plusieurs détails qui n'ont pas trouvé place dans celle imprimée en 1823 et qui semblent oubliés, tels que le séjour à Bourg du célèbre sculpteur Pigalle (mort en 1785), qui passa plusieurs mois dans notre ville, retenu par l'étude des chefs-d'œuvre de Brou.

En 1823, M. Riboud fit paraître, à la suite de l'*Annuaire de l'Ain* et isolément, ses *Considérations et recherches sur les monuments anciens et modernes du territoire de Brou*. Cette brochure de 60 pages, qui formerait un volume si elle était imprimée avec le luxe moderne, peut encore être lue malgré l'ouvrage capital et plus récent de M. Baux. La description des antiquités recueillies sur le sol de Brou, le récit des dangers de l'église et des diverses destinations du couvent depuis la

---

(1) *Recherches hist. et arch. sur Brou*, p. 274.

Révolution jusqu'en 1823, l'explication du cadran elliptique, plusieurs pages d'histoire et de dissertations, tout cela est à peine défloré. Cet ouvrage présente un nouvel exemple de la modestie de l'auteur. Au lieu de se faire honneur, comme il l'aurait pu, de la conservation de l'église et du couvent de Brou, il se borne à dire entre parenthèses qu'il faisait partie de l'administration départementale qui sauva ces édifices.

Faute de ressources suffisantes, le département laissait dégrader les monuments qui lui étaient confiés. M. Riboud, en publiant ses *Considérations et recherches*, leur rendit un dernier service. Son écrit réveilla l'attention publique et ne fut pas sans influence sur la décision du Conseil général. L'estimable archéologue signalait des causes de ruine plus ou moins éloignées, des réparations importantes à faire; on comprit alors que le clergé seul, comme il avait eu le courage de le dire dans son réquisitoire, pouvait inspirer la confiance d'une conservation efficace.

VI.

Celui qui sauva les édifices de Brou en 1790 put applaudir dans sa vieillesse (il avait 68 ans) à leur nouvelle consécration religieuse. L'expression de son contentement est consignée dans sa correspondance avec son fils aîné, alors conseiller à la cour royale de Lyon. Qu'il me soit permis d'en citer plusieurs fragments, où l'on trouvera l'éloge de Mgr Devie et la première apparition de M. Dupasquier sur son domaine artistique.

« Jasseron, 25 septembre 1823.

« .... Il paraît décidé que le grand séminaire sera
« placé à Brou; et l'on va s'occuper de la disposition des
« lieux pour cet objet. Notre nouvel évêque est une
« acquisition précieuse pour le diocèse dont nous faisons
« partie: à des connaissances réelles, à un esprit droit
« et juste il joint toutes les qualités désirables. Si la
« chose eût dépendu de lui et s'il eût connu Bourg, il
« en eût préféré le séjour à celui de Belley, qui est ridi-
« culement excentrique, ce qui désole tous les curés de
« la Bresse et des bords de la Saône, dont quelques-uns

« auront plus de vingt lieues à faire pour aller à
« l'évêché..... »

« Bourg, 15 juin 1824.

« ..... Il y a eu, ces jours derniers, une grande ordi-
« nation de prêtres, diacres, sous-diacres, à Brou.
« L'évêque semble s'y plaire plus qu'à Belley, qui est son
« chef-lieu. Je l'ai vu plusieurs fois. Il a de l'esprit,
« beaucoup d'aménité; il est généralement estimé et
« considéré. Il a donné la première communion à ton
« neveu Aymé L., qui est un enfant extrêmement
« intéressant; il a toujours les premières places de sa
« classe au collége; je le menai, il y a quelques jours,
« chez le prélat, qui l'embrassa et l'encouragea beau-
« coup.
« Les bâtiments de Brou sont distribués très-bien,
« réparés et meublés comme par enchantement. L'on
« fait un deuxième étage ou mansardes qui donneront le
« moyen de doubler le nombre des quatre-vingts sémi-
« naristes qui y sont actuellement. L'église est tenue avec
« la plus grande propreté; tout s'y rajeunit par les soins
« et les dépenses. Je ne sais si je t'ai dit que la Société
« d'Emulation a fait don au séminaire de 5 à 600 volumes,
« qui ont formé le noyau d'une bonne bibliothèque.
« Nous avons donné d'excellents livres de théologie et
« autres, tels que la collection des Pères de l'Église,
« celle des Conciles et plusieurs bibles in-folio, dont
« l'une est imprimée en quatre langues, savoir : en
« hébreu, en grec, en latin et en français. Tu vois que
« nous sommes très-bien avec le clergé; son chef le
« mérite parfaitement. Il est curieux des monuments et
« des anciens langages et usages; il m'a demandé mon
« mémoire sur les colonies sarasines de Boz et Huchizy,
« et tout ce que j'ai écrit sur Brou.... Il vient de faire
« marché avec un sculpteur distingué pour un maître-
« autel, dont il m'a donné le dessin lithographié. Cet
« autel, dans le genre gothique, sera fort élégant et de
« même style que l'église: le prix est convenu à dix-huit
« mille francs, non compris neuf statues d'apôtres en
« marbre blanc.... » (1).

(1) Cette dernière partie du projet fut modifiée. L'autel est
enrichi de quinze statues en bronze doré représentant Jésus-

« Bourg, 12 juillet 1824.

« .... Tu trouveras ici notre évêque, prélat très-
« recommandable par ses qualités personnelles, ses
« connaissances et un très-bon esprit. Tu verras le grand
« séminaire établi à Brou, contenant près de cent per-
« sonnes; notre illustre église, si longtemps fermée,
« enfin utilisée pour le culte et fréquentée habituel-
« lement.... »

« Bourg, 26 décembre 1825.

« .... J'ai eu, ces jours-ci, la visite de plusieurs amis
« des lettres et des arts, de Lyon, qui ont le projet de
« faire dessiner et graver les monuments et ouvrages
« d'art que Brou renferme. L'un de ces messieurs
« s'appelle *Dupasquier* et loge rue Saint-Dominique,
« n° 4. Je te prie de me dire si c'est un *amateur* ou un
« artiste. Il m'a paru aussi intéressant qu'éclairé. Il m'a
« demandé quelques-unes des notions que j'ai dissé-
« minées çà et là sur l'historique de Brou. Si le projet
« de ces messieurs s'exécute, je me procurerai avec
« empressement la collection qu'ils méditent.... »

M. Riboud n'a pas eu le bonheur de voir les beaux
dessins de M. Dupasquier. Depuis longtemps il dormait
dans le champ funèbre de son village, lorsque leur
publication commença. Aujourd'hui, sur les douze
livraisons promises, six ont vu le jour et ont fait le plus
grand honneur à l'éminent artiste. La reproduction des
chefs-d'œuvre de Brou par la gravure et la lithochromie
exigera plus de temps que la construction même du
monument. Il est vrai que M. Dupasquier attache son
nom comme architecte à d'autres édifices et qu'il ne
dispose pas des mêmes moyens d'action que Marguerite
d'Autriche pour l'accomplissement du rêve de sa jeunesse.

**Christ avec les douze apôtres et les deux évangélistes saint
Marc et saint Luc.**

NOTE SUR LE PRIX DE CONSTRUCTION
DE L'ÉGLISE ET DU COUVENT DE BROU.

I.

Le R. P. Pacifique Rousselet, dernier prieur des Augustins de Brou, dit au chapitre VIII de son *Histoire et description de l'église de Brou*, éditée pour la première fois en 1767 :

« On conserve dans les archives de Brou onze volumes « de comptes détaillés de la dépense journalière qui se « faisoit dans ce bâtiment; il paroît, par le résultat de « ces comptes, que la dépense monta à plus de 220 mille « écus d'or. Or, en 1520, l'écu d'or, que je suppose le « même qu'en France, étoit de 71 au marc, à 23 carats « de fin, et le marc d'or fin valoit 147 livres; ainsi « actuellement que le marc d'or vaut 740 livres 9 sous « 1 denier, l'écu d'or de 1520 vaudroit 9 livres 18 sous « 6 deniers, et les 220 mille écus d'or vaudroient « environ 22 millions de notre monnoie. »

Le révérend prieur s'est trompé d'un zéro. L'écu d'or valant, selon lui, 9 livres 18 sous 6 deniers, soit 10 livres en chiffres ronds, il lui suffisait de multiplier par 10 le nombre des écus d'or, en ajoutant un zéro. Par mégarde il en ajouta deux, et, au lieu de 2,200,000 (2 millions 200 mille livres), il trouva 22,000,000 (22 millions) (1).

M. Riboud copia de confiance, dans son *Réquisitoire* pour la conservation de Brou, les millions du P. Rousselet. M. de Lateyssonnière fit de même dans son *Abrégé de l'histoire de Bresse* publiée en 1825. Mon aïeul reconnut bientôt la faute de multiplication et, dès l'an X, il se garda bien de la reproduire dans son *Mémoire statistique et historique sur la ville de Bourg*. Mais il tomba, plus tard, dans une autre méprise, en disant que les 220 mille écus d'or correspondaient, *à l'époque de la construction*,

---

(1) Comment Lalande, qui examina le manuscrit, en qualité de censeur royal, a-t-il laissé passer une telle inadvertance?

à 2 millions 200 mille francs. La prodigalité du P. Rousselet a été signalée dans une note des dernières éditions de son livre. Par une distraction singulière, le premier volume de la *Biographie de l'Ain*, daté de 1835, inscrit le chiffre de 2,200,000 francs à la page 22, et celui de 22,000,000 à la page 376.

En adoptant la même base que le P. Rousselet, c'est-à-dire 220,000 écus d'or, j'arrive, à l'aide du curieux travail de M. le comte Perrault de Jotemps (1), à une évaluation bien supérieure à 2 millions 200 mille francs de notre monnaie. Voici mon calcul :

Le marc d'or qui, en 1520, valait 147 livres d'après le P. Rousselet, et 145 fr. 18 c. d'après M. de Jotemps (je prends ce dernier chiffre, qui est le plus faible), contenait 71 écus d'or ; de sorte que l'écu d'or valait à cette époque fr. 2.0448. Mais ce qui valait 1 fr. en 1520 valant aujourd'hui 17 fr. 36 c. (2) par suite de la diminution du poids et du titre combinée avec la dépréciation qui résulte de l'abondance des métaux précieux, l'écu d'or, qui correspondait alors à fr. 2.0448, correspond aujourd'hui à fr. 35.4977 et non à 9 livres 18 sous 6 deniers (3). Par conséquent, les 220,000 écus d'or de 1520 vaudraient actuellement 7,809,494 francs.

Si cette dépense de près de huit millions est exagérée, l'erreur ne saurait provenir de mon mode de supputation ; M. de Jotemps a savamment motivé les facteurs de conversion dont j'ai fait usage, et des applications très-multipliées, qu'il a faites lui-même (4), donnent tout lieu de croire qu'il ne s'est pas trompé. Du reste, M. de Lateyssonnière attribue la même valeur à l'écu d'or lorsqu'il dit

---

(1) *Etude comparative de la Richesse réelle et de la Richesse de convention*, à la suite de l'*Antidémon de Mascon*. Bourg, 1853.

(2) V. le tableau, page 135, colonne 9 de cette *Etude*.

(3) La différence énorme que présentent ces deux évaluations tient — d'une part — à quelque omission du P. Rousselet ou des auteurs compulsés par lui dans les éléments de conversion des anciennes monnaies ; — d'autre part — à la dépréciation survenue depuis un siècle ; car le prieur de Brou s'est servi de facteurs établis au moins depuis cent ans.

(4) V. dans son *Etude* les tableaux occupant les pages 148 à 161.

que 1,000 écus d'or représentaient au moins 35,000 francs de notre monnaie (1).

Y aurait-il erreur dans les 220,000 écus d'or qui forment la base de ma supputation? On pourrait le croire à la manière peu précise dont ce chiffre est posé par le P. Rousselet; et j'allais me ranger à l'avis de M. Baux qui, d'après les comptes d'une période de dix années (1523 à 1532), évalue que la dépense ne dut pas excéder 3 millions; lorsque j'ai relu l'article *Brou* de l'*Histoire de Bresse* de Guichenon et que j'ai retrouvé le chiffre de 220,000 écus d'or appuyé de l'autorité de Henri-Corneille Agrippa, conseiller et historiographe de Marguerite d'Autriche, lequel « rapporte, dit Guichenon, que l'édi-
« fice de Brou lui avoit coûté deux cent mille écus d'or
« et qu'il en falloit bien encore vingt mille quand elle
« mourut pour achever son dessein » (2).

L'accord du P. Rousselet et de Corneille Agrippa, le premier ayant à sa disposition des archives auxquelles la Révolution n'avait pas encore touché, le second jouissant nécessairement de la confiance de la princesse par sa position d'historiographe, me semble concluant, jusqu'à preuve contraire, en faveur de l'évaluation de 220,000 écus d'or (aujourd'hui 7,809,494 francs).

II.

Je ne citerai que pour mémoire les évaluations suivantes; la première est peu connue, la dernière est prodigieuse.

Julian Taboët, dans sa *Généalogie des princes de Savoye faicte en prose et vers latins*, consacre au VIIIe duc de Savoie les lignes qu'on va lire, extraites de la traduction française publiée à Lyon, en 1560:

« Philibert print à femme Marguerite, fille de l'empe-
« reur Maximilian, de laquelle il n'eut nuls enfans. Il
« mourut en sa fleur de jeunesse et fut enseveli en l'ab-

(1) *Recherches hist. sur le dép. de l'Ain*, p. 263 du Ve vol.

(2) Guichenon a répété, p. 617 de son *Histoire de Savoie*, que la princesse Marguerite avait dépensé à Brou, de son vivant, 200,000 écus d'or.

« baye vulgairement appelée Brouz... joignant le marché
« Sébusien. Cette abbaye a été magnifiquement cons-
« truite par Marguerite sa femme en perpétuelle mémoire
« de son espoux Philibert. L'édifice et architecture de
« laquelle... parachevée en trente et cinq ans (après
« avoir supputé tant la mise que recepte) cousta quarante
« et huit sesterces, estimez à la valeur de deux cens
« talens, lesquels pourroyent monter à la somme de six-
« vingts mille escus coronne. » 120,000 écus couronnes
font aujourd'hui 4,259,724 francs, l'écu couronne étant
le même que l'écu d'or.

M. Dufay, à qui l'on doit la découverte et la publication de plusieurs documents sur Brou, prétend, page
42 de sa *Dissertation* de 1847, que Marguerite, affectant
12,000 florins par an à l'édifice dont la construction dura
vingt ans (de 1512 à 1532), dut dépenser 240,000 florins,
qu'il traduit en monnaie actuelle par 2,400,000 francs.
Pour arriver à ce résultat, il fait correspondre le florin à
la valeur actuelle de 10 francs. M. de Jotemps, qui a fait
de longues études sur les divers florins (1), fixe à
fr. 0.39504 la valeur ancienne du florin de Savoie, et par
conséquent la valeur actuelle à fr. 0.39504 $\times$ 17.36 (facteur de conversion pour les monnaies de 1520), soit à
fr. 6.85789 et non à 10 francs; de sorte que les 240,000
florins correspondent aujourd'hui à 1,645,893 fr. 60 c.,
au lieu de 2,400,000 francs.

L'*Origine de Brou*, manuscrit antérieur au petit livre
du P. Rousselet, raconte que le prix-fait de Brou s'élevait à.................................. 200,000 écus d'or,
que l'architecte André Colomban,
« craignant de ne pas finir avec hon-
« neur son entreprise », l'abandonna
le 28 septembre 1518 et ne la reprit que
le 12 mars 1519, avec augmentation de 100,000   —
qu'enfin après la mort de Marguerite,
son neveu Charles Quint accorda en-
core .... 100.000   —
pour terminer l'édifice. Brou, à ce
compte, aurait coûté.............. 400,000 écus d'or,
qui correspondent à plus de 14 millions.

Cette exagération n'est qu'une bagatelle à côté de

---

(1) *Etude* citée, p. 120 et suivantes.

l'évaluation de M. Amanton, auteur d'une notice posthume sur André Colomban, jointe en 1840 au II° vol. de la *Biographie des hommes célèbres du département de l'Ain*. M. Amanton emprunte à l'*Origine de Brou* l'estimation de 400,000 écus d'or et ajoute : « Cette somme
« représente, valeur actuelle, celle de 25,000,000 de
« francs, le marc d'argent calculé au prix moyen de
« 54 francs. Quelle idée une pareille dépense ne donne-
« t-elle pas de l'édifice auquel elle a été consacrée,
« quand on considère la modicité des prix d'alors de la
« main d'œuvre, des matériaux et de toutes choses!
« Aujourd'hui, 250 MILLIONS iraient s'engouffrer dans
« une construction du même genre, *sans peut-être y*
« *suffire* » (1).

Quand on examine ces évaluations diverses, quand on reconnaît que leur divergence tient surtout au défaut de connaissance exacte de la valeur des anciennes monnaies, on ne saurait trop féliciter M. de Jotemps de l'étude sérieuse à laquelle il s'est livré avec courage et des règles qu'il est parvenu à établir.

Leur application nous a donné pour l'ensemble des édifices de Brou, 7,809,494 francs. La même application, faite aux œuvres d'art, va présenter des résultats curieux. La modicité du prix des sculptures, obtenue par le même mode de supputation, démontrerait seule que l'évaluation de près de huit millions n'est pas faussement déduite de la somme de 220,000 écus d'or, prise pour point de départ.

III.

Les documents publiés depuis quelques années nous ont fait connaître, en monnaie du temps, le prix du marbre et celui de la taille des principales figures dont se composent les trois mausolées et dont voici le dénombrement :

Représentation au vif de Philibert-le-Beau	1
Le lion couché à ses pieds	1
A reporter	2

(1) Note H, p. 271.

Report..........	2
Les six génies tenant ses armes, son épitaphe, ses gantelets et son timbre..................	6
La figure de la mort (du prince mort)..........	1
Représentation au vif de Marguerite d'Autriche.	1
Le lévrier couché à ses pieds..................	1
Les quatre génies tenant ses armoiries..........	4
La figure de la mort (de la princesse morte)....	1
Représentation au vif de Marguerite de Bourbon (la levrette qui est à ses pieds n'est pas mentionnée dans le prix-fait)......................	1
Les quatre génies tenant ses armoiries (le prix-fait mentionne quatre génies au lieu de six qui existaient avant la Révolution ; il en reste quatre)....................................	4
Total..............	21

PRIX DU MARBRE. Les neuf blocs de marbre de Carrare, destinés aux sépultures, coûtèrent, rendus à Bourg, c'est-à-dire tant d'achat que de transport, 1,642 florins 6 gros et 2 grains (1). Le florin répondait alors à fr. 0.39504; le gros à fr. 0.03292, et le grain (72e partie du gros) à fr. 0.00045. Cette somme équivalait donc alors à 648 fr. 85 c. qui, multipliés par le facteur de conversion 17.36, feraient aujourd'hui.............. 11,264^f.04^c

PRIX DE LA TAILLE. — Par le marché passé le 14 avril 1526 (2), Me Conrad Meyt, tailleur d'images, fut chargé de faire les figures des mausolées moyennant la somme de 300 liv. de XV gros (3) par an, et de les terminer

A reporter......... 11,264 04

---

(1) V. la lettre du frère Loys de Gleyreins, n° 10 des pièces publiées par M. Dufay en 1844 et n° 16 de celles annexées au livre de M. Baux. — Le transport seul, depuis le port de Neyron sur le Rhône jusqu'à Brou, coûta 274 florins 11 gros 2 grains, soit 108 fr. 60 c. en monnaie du temps, et 1,885 fr. 30 c. en monnaie actuelle.

(2) V. ce marché, n° 8 des pièces publiées par M. Dufay en 1844 et n° 14 de celles annexées au livre de M. Baux.

(3) M. Dufay a écrit XI gros. C'est une erreur de lecture ou

Report..........	11,264 f	04 c

dans l'espace de quatre ans, ce qui élevait la dépense à 1,200 livres. Le gros équivalant alors à fr. 0.03292, la livre de 15 gros équivalait à fr. 0.4938 et les 1,200 livres à 592 fr. 56 c., monnaie du temps, laquelle somme donne en monnaie actuelle, au moyen du facteur de conversion........................ 10,286 84

L'habile sculpteur, à qui l'on doit les chefs-d'œuvre de Brou, gagnait par an 2,571 fr. 71 c. (1).

Il était aidé par trois bons ouvriers, au nombre desquels était compris son frère *aux raisonnables gaiges de ma dame*. Les ouvriers ordinaires étaient payés à raison de 4 gros de Savoie par jour. De bons ouvriers devaient recevoir au plus 8 gros par jour, ce qui faisait fr. 0.26336; par an (284 jours ouvrables), f. 74.79424; pour les trois ouvriers, fr. 224.38272; et pour les quatre ans de travail, 897 fr. 53 c. qui, multipliés par le facteur de conversion, répondent à......... 15,581 12

PRIX DES PATRONS. — Conrad Meyt taillait les figures d'après les patrons ou modèles

A reporter.......... 37,132 00

d'impression répétée par M. Baux : 40 gros de la moindre valeur, c'est-à-dire de fr. 0.03292, feraient une livre équivalant à fr. 1.3168, ce qui n'est pas possible, car la plus forte livre, la livre parisis, équivaut seulement à fr. 1.2345. Jean Lemaire, dans la première lettre qu'a reproduite la *Dissertation* de M. Puvis *sur l'église de Brou*, parle de livres de XV gros. Il est donc évident qu'on a lu ou imprimé XL pour XV.

(1) M. Baux induit d'une quittance de Loys Van Boghem que cet architecte recevait des honoraires considérables, plus de 10,000 fr. de notre monnaie, par an. Il est probable qu'il était obligé de payer de ses deniers certains ouvriers, certaines dépenses. Aurait-il été rétribué sur le même pied que le gouverneur de Bresse, Laurent de Gorrevod, qui touchait 2,000 florins, c'est-à-dire 13,715 fr. 79 c. de notre monnaie? D'autres grands personnages aux gages de Marguerite, tels que le président de Gatinare et le comte de Montrevel, ne recevaient guère plus de moitié, soit 1,200 florins.

	Report........	37,132 f. 00 c

établis primitivement par *Michiel Coulombe*, de Tours, et probablement modifiés ensuite par *Loys Van Boghem*. Une pièce intéressante, reproduite par M. Puvis, nous apprend, page 8 de sa *Dissertation*, que Michiel Coulombe reçut, pour avoir fait *la sepulture en petit volume* du prince Philibert-le-Beau, la somme de *six vingtz huyt livres treize solz tournois monnoie du roy* (120 livres 13 sous tournois). La livre tournois équivalait alors à fr. 0.9876 et le sol tournois à fr. 0.04938. Cette somme peut donc se traduire en monnaie du temps par 119 fr. 15 c., et en monnaie actuelle par...... 2,068 44

Le prix des patrons des deux autres sépultures ne nous est pas connu; mais on peut l'apprécier, sans grave erreur, à la même somme pour chacune, soit pour les deux, à............... 4,136 88

De sorte que les trois patrons auraient coûté ensemble....:...... 6,205 32   6,205 32

PRIX DES DESSINS. — La pièce qui vient d'être citée nous fait connaître que Michiel Coulombe avait exécuté ses patrons *selon le pourtraict et très belle ordonnance faicte de la main de maistre Jehan Perreal de Paris, peinctre et varlet de chambre ordinaire du roy*. On ignore quelle somme fut payée à Jehan Perreal. En évaluant son travail au double de celui des patrons, c'est-à-dire, en chiffres ronds, à...................... 12,000   »
je ne serai pas au-dessous de la réalité.

La réunion des divers frais produit une dépense totale de..................... 55,337 f. 32 c
soit, en chiffres ronds, de 55,000 fr. pour 21 figures, et par conséquent de 2,619 fr. pour chaque figure.

Le marbre, les dessins, les patrons, la taille des figures, tout cela n'est pas, il est vrai, ce qui coûta le plus dans les mausolées. Les feuillages, les chiffres, les rameaux, les marguerites, les moulures, les statuettes, mille fantaisies d'ornementation, d'une délicatesse infinie, voilà ce qui dut augmenter prodigieusement le prix des sépultures. Néanmoins, l'aperçu des frais relatifs aux figures suffit pour donner une idée de la manière dont les œuvres d'art étaient rétribuées à cette époque et pour faire comprendre quelle profusion de merveilles on pouvait obtenir pour un million de notre monnaie.

Il faut qu'il y ait eu des faux frais immenses, nombre de travaux perdus et recommencés, des largesses accessoires sans cesse renouvelées, un désordre inouï dans les finances de la princesse, pour que l'église et le couvent de Brou aient coûté 220,000 écus d'or, près de 8,000,000 modernes. Mais, au taux actuel de rémunération des artistes célèbres, la construction de Brou atteindrait peut-être les 8,000,000, avec la direction la plus habile et la comptabilité la plus scrupuleuse.

Bourg, janvier 1857.

Poésies.

L'ÉGLISE DE BROU (1).

> L'église de Brou est dans l'architecture la réalisation de l'idéal de sainteté de l'amour et du mariage, tels que la poésie et le dogme les ont consacrés au moyen-âge.
>
> Edgar Quinet.

Œuvre de foi divine et de foi conjugale,
Belle église de Brou, nulle autre ne t'égale
    Dans les grandes cités,
Non pas que ton vaisseau soit d'ampleur infinie,
Mais tant il a de grâce et d'amoureux génie
    Dans ses marbres sculptés !

A la droite du chœur, un dais de fleurs abrite,
Comme dans un bosquet, l'heureuse Marguerite,
    Celle qui, par serment,
Promit cet édifice à son pays de Bresse,
Si Dieu lui conservait l'époux de sa tendresse,
    Blessé grièvement.

Son fils, qui mort trop jeune, eut l'infortune amère
De ne pas accomplir le vœu fait par sa mère,
    Occupe le milieu.
Il semble du regard prier sa bien-aimée.
Grâce au ciseau savant, sa beauté renommée
    Brille encore au saint lieu.

---

(1) Bâtie par Marguerite d'Autriche, veuve de Philibert-le-Beau, en exécution du vœu de Marguerite de Bourbon, mère de Philibert-le-Beau.

A gauche est ton image, ô tendre Marguerite,
O toi qui fis de Brou ton œuvre favorite,
    Pour vivre en ta douleur.
Tu reposes non loin de l'autel de Marie.
L'art n'a pas oublié ta devise chérie
    Et ton doux nom de fleur.

Le sanctuaire est clos par un jubé gothique.
Des stalles de bois sombre, au dessin fantastique,
    Décorent les côtés.
Les verrières du fond, au coloris si riche,
A travers les blasons de Savoie et d'Autriche,
    Tamisent leurs clartés.

La voûte garde encor sa blancheur primitive.
Sous ces candides nefs l'âme contemplative
    Se recueille aisément ;
Il semble que, sans peine, une prière sainte,
Par delà les arceaux d'une si pure enceinte,
    Trouve le firmament.

Cette église n'a pas, comme celles des villes,
Des amas de maisons et des échoppes viles
    Qui masquent ses contours :
Brou s'élève en plein air ; la forêt solitaire,
La montagne, les champs et le vieux monastère
    Sont ses seuls alentours.

Oh ! que j'aime, le soir, quand le soleil décline,
Que j'aime de Bel-Air descendre la colline
    Par le chemin des prés !
L'admirable façade enchante ma paupière ;
Aux rayons du couchant, le jaune de la pierre
    Prend des reflets pourprés.

Si je franchis le seuil quand les cierges s'enflamment,
Quand les puissantes voix des lévites proclament
    Les louanges de Dieu ;
Les regards en extase et l'oreille ravie,
Je tressaille, et mon âme aux erreurs de la vie
    Rêve de dire adieu.

Mais bientôt revenant à ma pensée intime,
Je plains ce jeune prince, et pourtant je l'estime
    Heureux de son trépas :
En mourant avant l'heure, il laissa sur la terre
Une femme de cœur, une chrétienne austère
    Qui ne l'oublia pas.

Marguerite d'Autriche, après maintes épreuves,
Erigea ces tombeaux, irrécusables preuves
    D'un amour infini.
Sur les mille rinceaux de marbre de Carrare,
Au nom du digne objet de sa constance rare
    Son nom chaste est uni.

Oh ! qui n'exhalerait une plainte importune
Pour obtenir du ciel l'éphémère fortune
    De Philibert-le-Beau !
Qui ne voudrait mourir, aimé d'une belle âme,
Comme lui faire naître une immortelle flamme
    De la nuit du tombeau !

1835.

LA DEVISE DE MARGUERITE D'AUTRICHE [1].

Fortune infortune fort. une [2].

Fortune, infortune très-unique
Fortune, infortune, fort une (même chose).
Fortune, infortune, fortune.
Fortune, infortune, forte une (femme).

Ta devise FORTUNE INFORTUNE FORT. UNE,
A dit une voix sainte au pied du maître-autel,
Ta devise, ô princesse, est encore opportune
Devant les chers débris de ton être mortel.

(1) Le 17 septembre 1856, on retrouva sous le pavage du chœur de l'église de Brou l'entrée du caveau funèbre où reposait Philibert-le-Beau entre Marguerite de Bourbon, sa mère, et Marguerite d'Autriche, sa femme. Les cercueils de ces deux princesses avaient subi l'action du temps. On les renouvela solennellement le 2 décembre suivant. C'est du souvenir de cette cérémonie religieuse que je me suis inspiré dans cette pièce de vers.

(2) Je pense, et mes notes du *Passage de la Reyssouze* l'ont déjà dit, que l'excellence de la devise de Marguerite consiste dans la diversité de ses interprétations.

Le point ou l'intervalle qui sépare ordinairement FORT de UNE, à la fin de la devise, ne doit pas faire exclure la signification de *fortune, infortune, fortune*. Sans l'exclure, il est tout simple que l'on ait adopté la coupure graphique : c'est la manière d'écrire qui met le plus en évidence le jeu de mots et qui se prête le mieux aux diverses traductions. FORT. UNE, en effet, par sa consonnance, rappelle aisément le sens de *fortune*, et, par sa forme, suggère divers sens dont FORTUNE n'aurait pas donné l'idée.

Si l'on prend le point qui suit le mot FORT pour un *point voyelle*, on peut lire *forte une (femme)*.

La principale signification, celle de la *fortune* qui *infortune fort une*, a été exprimée par ce vers latin de Cornelius Gropheus : *Fortis fortuna infortunat fortiter unam*.

La *fortune*, qui las! *infortuna* ta vie,
Semble poursuivre encore, et bien étrangement,
Ta dépouille qu'en vain tu crus avoir ravie
A la commune loi de tout trépassement.

Oui, pour user ici d'un sens de ta devise,
L'*infortune* est vraiment *fort une* à ton égard :
En poussière, en lambeaux ton cercueil se divise,
Celui de ton époux s'offre intact au regard.

Ton blason, je le sais, dit *forte une* grande âme
Dans la *fortune* ainsi que dans l'adversité ;
Mais, je le crois un peu, haute et puissante dame
Tient encor dans la tombe à son humanité.

Pauvre femme! toujours la joie et la souffrance
Ont éprouvé ta vie, ont éprouvé ton corps.
Fortune : on te promit au futur roi de France.
Infortune : la France oublia ses accords.

Fortune : ton hymen avec l'infant d'Espagne
Te donna le bonheur qu'on rêve à dix-huit ans.
Infortune : tu fus à peine sa compagne,
Sans lui tu vis fleurir ton vingtième printemps.

Fortune : un vaillant duc de Savoie et de Bresse
Te rendit au delà de ton bonheur perdu.
Infortune : la mort, après trois ans d'ivresse,
Enleva son idole à ton cœur éperdu.

Fortune : ton beau front sut porter la couronne ;
Les lettres ont béni ton règne paternel.
Infortune : la mort, qui toujours t'environne,
Ajoute un deuil de frère à ton deuil éternel.

Suivons plus loin le cours de tes vicissitudes.
Fortune : tu bâtis un temple renommé ;
Tu creusas dans le chœur de sombres solitudes
Pour ton dernier sommeil près de ton bien-aimé.

Dans le même caveau ta dépouille placée
Devait attendre en paix l'heure du jugement ;
L'apparence du seuil devait être effacée
Et le respect des morts te garder saintement.

Infortune ! les arts, inquisiteurs avides,
Ont découvert le seuil aux entrailles du chœur,
Et leur zèle a troublé tes ossements livides
Dans leur lutte muette avec le temps vainqueur.

Pardonne-leur, princesse ; une *fortune* heureuse
A suivi de bien près l'outrage inusité.
Sur tes os recueillis la France généreuse
A refermé ta tombe avec solennité.

A l'*infortune* ainsi succède la *fortune*
Qui deux fois est écrite en ton blason chéri.
D'où vient que seulement l'*infortune* l'est une ?
Aurais-tu donc pleuré moins que tu n'as souri ?

Peut-être.... et ta foi vive explique ce mystère :
Pour un cœur élevé comme l'était le tien,
Infortune ou *fortune*, ah ! n'est-ce pas sur terre
Fort une même chose avec l'espoir chrétien ?

Peut-être donnas-tu, dans ton âme plaintive,
Un autre sens encore aux mots sentencieux :
Les premiers — de la vie étaient l'alternative,
Le troisième exprimait la *fortune* des cieux.

C'était dans ton veuvage un rêve légitime :
Ta *fortune* ici-bas venait de s'envoler :
L'*infortune* ici-bas te faisait sa victime ;
La *fortune* d'en haut devait te consoler.

Ta belle âme, sans doute, ô pieuse princesse,
Obtint cette *fortune* ; et, depuis ce moment,
Tu vois Dieu dans sa gloire et tu jouis sans cesse
De l'époux qui bénit ton noble dévouement.

Si l'un de tes regards sur ton église tombe,
Tu dois être joyeuse en voyant quel honneur
On rend à ta dépouille, à ta nouvelle tombe.
Pour toi ce jour funèbre est un jour de bonheur.

Trois siècles ont passé depuis ta vie éteinte.
Brou, ses brillants vitraux, ses marbres assouplis
D'un si long temps à peine ont éprouvé l'atteinte.
N'est-ce pas le plus cher de tes vœux accomplis ?

Les insignes de mort décorant les murailles,
Notre deuil volontaire autant qu'officiel,
Et les milliers de voix chantant tes funérailles,
N'est-ce pas une part de ta *fortune* au ciel ?

Décembre 1856.

———oo⟩o⟨oo———

www.ingramcontent.com/pod-product-compliance
Lightning Source LLC
LaVergne TN
LVHW021734080426
835510LV00010B/1257